团 体 标 准

公路装配式钢筋混凝土通道技术指南

Technical Guideline of Highway Prefabricated Reinforced Concrete Channel

T/CHTS 10008—2019

主编单位：安徽省交通控股集团有限公司
发布单位：中国公路学会
实施日期：2019 年 06 月 10 日

人民交通出版社股份有限公司
China Communications Press Co.,Ltd.

图书在版编目(CIP)数据

公路装配式钢筋混凝土通道技术指南：10008—2019/安徽省交通控股集团有限公司主编. — 北京：人民交通出版社股份有限公司，2019.6
ISBN 978-7-114-15560-4

Ⅰ.①公… Ⅱ.①安… Ⅲ.①钢筋混凝土结构—装配式构件—涵洞工程—指南 Ⅳ.①U449-62

中国版本图书馆CIP数据核字(2019)第095325号

标准类型：团体标准
标准名称：公路装配式钢筋混凝土通道技术指南
标准编号：T/CHTS 10008—2019
主编单位：安徽省交通控股集团有限公司
责任编辑：郭红蕊 韩亚楠
责任校对：尹 静
责任印制：张 凯
出版发行：人民交通出版社股份有限公司
地　　址：(100011)北京市朝阳区安定门外外馆斜街3号
网　　址：http://www.ccpress.com.cn
销售电话：(010)59757973
总 经 销：人民交通出版社股份有限公司发行部
经　　销：各地新华书店
印　　刷：北京市密东印刷有限公司
开　　本：880×1230　1/16
印　　张：1.5
字　　数：28千
版　　次：2019年6月　第1版
印　　次：2019年6月　第1次印刷
书　　号：ISBN 978-7-114-15560-4
定　　价：200.00元

(有印刷、装订质量问题的图书由本公司负责调换)

中国公路学会文件

公学字〔2019〕52号

中国公路学会关于发布
《公路装配式钢筋混凝土通道技术指南》的公告

现发布中国公路学会标准《公路装配式钢筋混凝土通道技术指南》(T/CHTS 10008—2019),自2019年6月10日起实施。

《公路装配式钢筋混凝土通道技术指南》(T/CHTS 10008—2019)的版权和解释权归中国公路学会所有,并委托主编单位安徽省交通控股集团有限公司负责日常解释和管理工作。

中国公路学会

2019年5月16日

前 言

本指南在吸收公路装配式钢筋混凝土通道系列技术研究成果的基础上,结合国内多项工程建设实践经验编制而成。

本指南按照《中国公路学会标准编写规则》(T/CHTS 10001)编写,共分5章和1个附录,主要内容包括:总则、术语和符号、设计、施工、养护。

本指南实施过程中,请将发现的问题和意见、建议反馈至安徽省交通控股集团有限公司(地址:安徽省合肥市望江西路520号;联系电话:0551-63738204;电子邮箱:wangk510@ahjkjt.com),供修订时参考。

本指南由安徽省交通控股集团有限公司提出,受中国公路学会委托,由安徽省交通控股集团有限公司负责具体解释工作。

主编单位:安徽省交通控股集团有限公司

参编单位:同济大学、安徽省交通规划设计研究总院股份有限公司

主要起草人:胡可、杨晓光、陈发根、郑建中、曹光伦、马祖桥、刁凯、石雪飞、刘志权、王胜斌、阮欣、陈维平、王凯、李润清、姚春江、蔡兵、黄志福、于春江、吴建民、王宏斌、潘家升、董阁、杨大海

主要审查人:周海涛、李彦武、侯金龙、钟建驰、鲍卫刚、赵君黎、秦大航、杨耀铨、刘元泉、李农

目　次

1 总则 ·· 1
2 术语和符号 ·· 2
　2.1 术语 ··· 2
　2.2 符号 ··· 2
3 设计 ·· 3
　3.1 一般规定 ··· 3
　3.2 总体设计 ··· 3
　3.3 洞身设计 ··· 4
　3.4 洞口设计 ··· 6
　3.5 接缝设计 ··· 7
　3.6 附属设施及附属工程设计 ··· 7
　3.7 通道计算 ··· 7
4 施工 ·· 8
　4.1 一般规定 ··· 8
　4.2 构件预制 ··· 8
　4.3 构件拼装与回填 ··· 9
5 养护 ··· 11
　5.1 一般规定 ·· 11
　5.2 养护准备 ·· 11
　5.3 养护实施 ·· 11
　5.4 养护评估 ·· 12
附录 A 通道截面设计 ··· 13
　A.1 管形通道 ··· 13
　A.2 箱形通道 ··· 13
用词说明 ·· 15

公路装配式钢筋混凝土通道技术指南

1 总则

1.0.1 为加强公路装配式钢筋混凝土通道的技术管理，统一技术标准，编制本指南。

1.0.2 本指南适用于标准净宽不大于8m的各级公路装配式钢筋混凝土通道。

1.0.3 公路装配式钢筋混凝土通道技术除应符合本指南的规定外，尚应符合有关法律、法规及国家、行业现行有关标准的规定。

2 术语和符号

2.1 术语

2.1.1 装配式钢筋混凝土通道（简称通道） prefabricated reinforced concrete channel（PRCC）

一种采用工厂制造和现场装配施工方式，用于下穿路基的人行、车行及过水等的钢筋混凝土构造物，分为管形通道和箱形通道两种形式。

2.1.2 节段 segment

沿通道纵向按一定长度划分的结构分段。

2.1.3 平接缝 flat joint

通道节段间的接缝。

2.1.4 铰接缝 hinged joint

通道顶板与侧墙间的接缝。

2.1.5 弯螺栓 curved bolt

连接通道构件的弧形螺栓组件。

2.1.6 洞身 channel main body

节段拼装形成的通道主体。

2.2 符号

B_k：通道标准净宽（m）；

H_k：通道标准净高（m）；

B_j：管形通道内轮廓线净宽（m）；

H_j：管形通道内轮廓线净高（m）；

H_t：通道顶部覆盖层厚度，含路面层（m）。

3 设计

3.1 一般规定

3.1.1 通道设计使用年限：高速公路、一级公路为50年，二、三、四级公路为30年。

3.1.2 高速公路、一级公路的通道设计安全等级为一级，结构重要性系数取1.1；其他等级公路的通道设计安全等级为二级，结构重要性系数取1.0。

3.1.3 通道的标准净空应符合现行《公路工程技术标准》（JTG B01）和《公路桥涵设计通用规范》（JTG D60）的有关规定。

3.1.4 通道由洞身、洞口等组成，见图3.1.4。

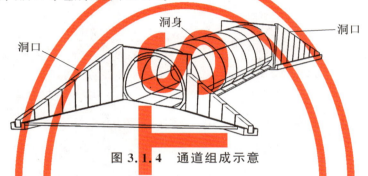

图 3.1.4 通道组成示意

3.2 总体设计

3.2.1 通道顶部覆盖层厚度 $H_t \geq 2m$ 时，设计宜选用管形通道，见图3.2.1-1；通道顶部覆盖层厚度 $H_t < 2m$ 时，设计宜选用箱形通道，见图3.2.1-2。

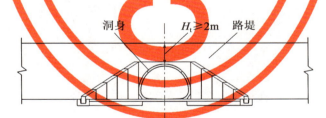

图 3.2.1-1 管形通道示意

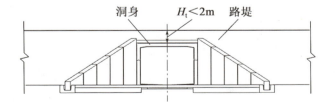

图 3.2.1-2 箱形通道示意

3.2.2 通道的洞身设计宜使用标准节段，见图3.2.2。

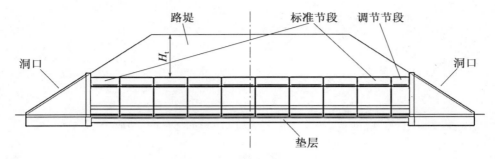

图 3.2.2　通道总体布置示意

3.2.3 通道的洞口设计宜采用装配结构。

3.2.4 正、斜交通道应统一按正交形式设计，见图3.2.4。

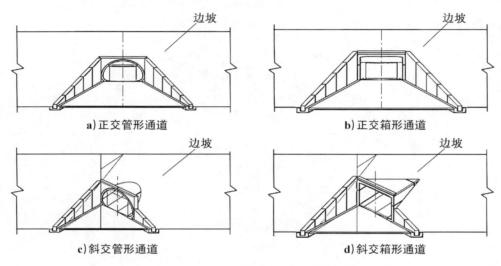

图 3.2.4　正、斜交通道设计示意

3.3 洞身设计

3.3.1 洞身由3m标准节段和1m调节节段组成。其中，1m调节节段一般设于洞身端部，用于调节洞身长度，见图3.2.2。

3.3.2 各节段一般由顶板、两侧墙、底板等四个构件组成，见图3.3.2。

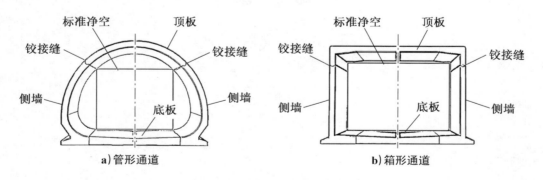

图 3.3.2　通道洞身节段示意

3.3.3 顶板、侧墙应为预制，底板可为预制或现浇。

3.3.4 洞身纵向设计应符合下列规定：

1 洞身应按水流方向或被交道路纵坡设置纵坡。

2 箱形通道顶部覆盖层厚度 H_t＜0.5m 时，洞身节段顶板应设置纵向连接，连接装置可采用弯螺栓；箱形通道用作明通道时，洞身节段顶板应设置牛腿，安置搭板。

3.3.5 洞身横向设计应符合下列规定：

1 洞身内采用铺装时，可不设横坡，铺装厚度应计入通道高度。

2 洞身截面宜以内轮廓线为基准设计。管形通道内轮廓线应采用多弧线拟合，箱形通道内轮廓线可采用多折线组合，设计可参照本指南附录 A 的有关规定执行。

3 顶板与侧墙间铰接缝的位置应设计于洞身截面作为连续结构时的变形反弯区域，设计可参照本指南附录 A 的有关规定执行。

4 管形通道的控制壁厚 t 可按式（3.3.5-1）估算，见图 3.3.5a）。

$$t = \frac{B_j + H_j}{40} \tag{3.3.5-1}$$

5 箱形通道的控制壁厚 t 可按式（3.3.5-2）估算，见图 3.3.5b）。

$$t = \frac{1.25 B_k}{20} \tag{3.3.5-2}$$

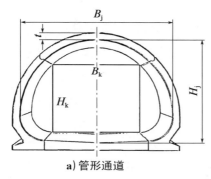
a) 管形通道

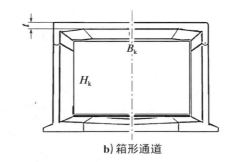
b) 箱形通道

图 3.3.5 通道洞身截面示意

3.3.6 构件设计应符合下列规定：

1 顶板、侧墙、底板预制或现浇的混凝土强度等级应不低于 C40。

2 构件可按矩形截面单向板配筋，截面总配筋率应不小于 0.5%。

3 构件主钢筋、分布钢筋及架立钢筋等应采用 HRB400、HPB300 普通钢筋制作。

4 预制构件宜设置吊环。吊环应采用 HPB300 的普通钢筋热弯制作。计算应力标准值应不大于 50MPa。

5 构件形状应符合下列规定，见图 3.3.2：

1) 管形通道顶板为圆弧形，等壁厚，两端设置铰接缝凸角。

2) 箱形通道顶板为倒槽形，等壁厚，两端设置铰接缝凸角，折点处宜设置倒角。

3) 管形通道侧墙为弧形，上部墙体宜等壁厚，顶端设置铰接缝凹角。

4) 箱形通道侧墙为 L 形，上部墙体宜等壁厚，顶端设置铰接缝凹角。

5) 预制构件端面周边一般应设置倒角。

3.4 洞口设计

3.4.1 管形通道洞口一般由基座、端墙、翼墙、洞口底板组成；箱形通道洞口一般由基座、帽梁、翼墙、洞口底板组成，见图 3.4.1。

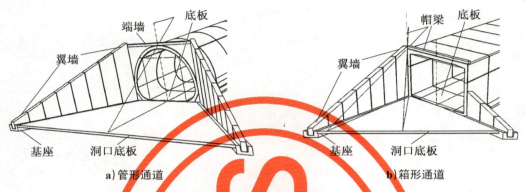

a) 管形通道　　　　　　　　　　　　　b) 箱形通道

图 3.4.1 通道洞口示意

3.4.2 翼墙宜为预制，基座、端墙或帽梁可为预制或现浇，洞口底板应为现浇。翼墙、基座在施工时可合并预制。

3.4.3 洞口设计宜以洞身前端面侧边倒角后缘线为基准，并应符合下列规定：

1 洞口两侧翼墙与道路法线的夹角应相同，一般可取 45°，见图 3.4.3。

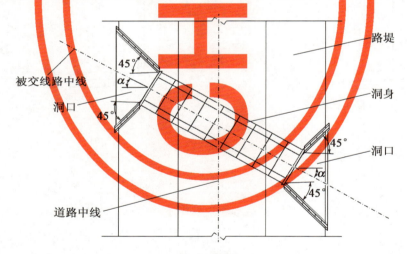

图 3.4.3 斜交通道洞口翼墙示意

α—通道斜交角度

2 翼墙、基座可保持一侧不变化，另一侧随通道斜交角度变化。

3 洞口两侧翼墙预制构件前部应对称设计，采用同型构件。

4 洞口底板应按水流方向或被交道路纵坡设置纵坡。

5 洞口底板前端应设置截水墙，墙体高度应满足冲刷计算要求。

3.4.4 构件设计应符合下列规定：

1 预制构件混凝土强度等级应不低于C40，现浇混凝土强度等级应不低于C30，现浇座槽混凝土应采用微膨胀混凝土。

2 构件钢筋设计应符合本指南第3.3.6条第2款～第4款的有关规定。

3 构件形状和尺寸应符合下列规定：

1) 翼墙为梯形，宜按等宽度分块预制，相邻块件高差固定。
2) 翼墙、端墙、帽墙应设置可靠的连接构造和抗倾覆构造。
3) 基座应预留连接洞口底板上、下缘的钢筋，长度应不小于1m。
4) 车行通道洞口底板厚度应不小于200mm，其他厚度应不小于150 mm。

3.5 接缝设计

3.5.1 节段拼装平接缝应设计为密贴形式。

3.5.2 洞身应根据基础变形等设置沉降缝。

3.5.3 接缝防渗漏设计可按下列规定执行：

1 平接缝、沉降缝内施工间隙应采用弹性防水材料密实填塞；铰接缝内部间隙应采用水泥砂浆等压实填塞。

2 各接缝应采用水泥砂浆在通道内勾浅凹缝、通道外勾平缝。

3 各接缝应在通道外接缝两侧各200mm范围内设置防水材料。

3.6 附属设施及附属工程设计

3.6.1 明通道搭板混凝土强度等级应不低于C40，长度应不小于5m，宽度应不小于行车道总宽度，厚度应不小于250mm。

3.6.2 车行通道底板宜设置厚度不小于80mm、强度等级不低于C40的混凝土铺装，铺装内应设置直径不小于8mm的钢筋网。

3.6.3 通道底部砂砾垫层应压实，厚度应不小于200mm；混凝土垫层强度等级应不低于C25，厚度应不小于100mm。车行通道洞口底板水泥稳定碎石或级配碎石垫层厚度应不小于400mm。

3.6.4 通道周边可采用粗砂、砂砾、石灰土、水泥稳定土等材料填筑；管形通道下部撑脚处可采用强度等级不低于C25的混凝土浇筑。

3.7 通道计算

3.7.1 通道侧面、底面土体的约束作用可按等效弹簧法模拟，并考虑施工过程的影响。

3.7.2 计算除应符合本指南的有关规定外，尚应符合现行国家、行业标准的有关规定。

3.7.3 通道构件抗倾覆安全系数应不小于2.5；通道构件抗滑移安全系数应不小于2.5；通道节段间差异沉降应不大于5mm。

4 施工

4.1 一般规定

4.1.1 通道施工除应符合本指南的有关规定外,尚应符合现行国家、行业标准的有关规定。

4.1.2 预制构件应符合下列规定：

1 构件宜采用工厂化预制。

2 构件拆模、起吊强度应分别不小于设计强度的75%、90%。

3 构件预制、存放、运输、拼装过程中应进行保护,避免损伤。

4.2 构件预制

4.2.1 预制准备应符合下列规定：

1 制定场地建设、预制、存放、运输、拼装等的实施方案。

2 进行预制场地、设备、材料、工艺等的工前检查和试验。

4.2.2 模板工程应符合下列规定：

1 模板应进行专门设计。

2 模板使用前和每完成30件预制后,应检查其尺寸和平整度,并符合表4.2.2-1、表4.2.2-2的规定。

表 4.2.2-1 模板制造质量标准

项 次	项 目	规定值或允许偏差(mm)
1	长度、宽度	±1
2	偏斜	0.5
3	连接件、预留孔洞位置	0.3
4	整块面板平整度	1

表 4.2.2-2 模板使用质量标准

项 次	项 目	规定值或允许偏差(mm)
1	拼缝间隙	0,+1.5
2	长度、宽度、高度	0,+3
3	偏斜	0.5
4	相邻构件错位	2
5	整块面板平整度	3

4.2.3 钢筋工程应符合下列规定：

1 钢筋宜采用数控机具加工;骨架应在胎架上制作,整体吊装入模。

2 吊装时应防止钢筋骨架变形。

4.2.4 混凝土工程应符合下列规定：

1 混凝土坍落度应不大于120mm。

2 混凝土浇筑宜采用吊斗,按一定厚度、顺序和方向分层进行。

3 混凝土振捣宜采用振动台,辅以插入式振捣器。

4 构件蒸养宜采用封闭养生。

5 构件存放一般应符合下列规定：

1) 侧墙、有基座翼墙应直立存放,并应预防倾倒。

2) 管形通道顶板、无基座翼墙叠置应不超过5层,箱形通道顶板叠置应不超过3层,叠置层间应以垫木等隔开。

4.2.5 构件预制的质量检测和质量标准除应符合本指南表4.2.5的规定外,尚应符合《公路桥涵施工技术规范》(JTG/T F50)的有关规定。

表 4.2.5 构件成品质量标准

项 次	项 目	规定值或允许偏差(mm)
1	构件长度、宽度、高度	0,+5
2	构件壁厚	0,+5
3	预埋件位置	5
4	表面平整度	5

4.3 构件拼装与回填

4.3.1 洞身拼装应符合下列规定：

1 拼装应按先安装预制底板,再安装侧墙、顶板的顺序进行；当采用现浇底板时,拼装应按照先安装侧墙,再安装顶板,后浇筑底板的顺序进行。

2 洞身拼装前,应清理垫层顶面,设置拼装用基准线、起终点。

3 洞身拼装时,同一种构件的拼装宜由一端向另一端依次进行。

4 侧墙拼装时,底面应坐浆密贴,纵、横向位置应适时检查、调整。

5 顶板拼装时,侧墙凹槽内应预设水泥砂浆。

6 拼装完成后,应及时安装纵向连接弯螺栓并用水泥砂浆封闭孔端。

7 底板采用预制构件时,横向连接湿接缝应在顶板安装后浇筑。

8 现浇底板或湿接缝时,应注意断开沉降缝处的钢筋和混凝土。

4.3.2 洞口拼装应符合下列规定：

1 洞口拼装应在洞身拼装后进行。

2 拼装应按先施工端墙或帽梁,再施工翼墙、洞口底板的顺序进行。

3 洞口拼装前,应清理垫层顶面,设置拼装用基准线、起始点。

4 洞口拼装时,作业应由洞身端部向外进行,构件拼装应密贴。

5 拼装完成后,应及时浇筑洞口底板。

4.3.3 拼装检验合格后,应及时进行防水施工,施工应均匀整齐。

4.3.4 附属设施及附属工程施工应符合下列规定:

1 回填应在通道拼装及接缝防水处理后进行。

2 回填应在通道两侧分层对称进行。

3 侧墙、翼墙外回填时,侧面0.5m内应以小型压实设备压实,土体压实度应不小于95%;通道顶板上回填时,厚度0.5m内应以静压设备压实,土体压实度应不小于97%。

4 搭板施工宜采用混凝土现浇方式。

5 铺装施工应注意断开沉降缝处的钢筋和混凝土。

4.3.5 通道施工的质量检测和质量标准除应符合本指南表4.3.5的有关规定外,尚应符合《公路桥涵施工技术规范》(JTG/T F50)的有关规定。

表4.3.5 构件拼装质量标准

项 次	项 目	规定值或允许偏差
1	轴线偏位(mm)	10
2	轴线长度(mm)	0,+200
3	翼墙角度(°)	±2
4	底面高程(mm)	±5
5	节段错位(mm)	5
6	平接缝宽(mm)	0,+15

5 养护

5.1 一般规定

5.1.1 养护内容包括：经常检查、定期检查、日常养护、维修、加固和改建。

5.1.2 养护除应符合本指南的有关规定外，尚应符合现行国家、行业标准的有关规定。

5.2 养护准备

5.2.1 应做好技术准备、人员准备、物资准备，制定制度，建立档案，预设方案。

5.3 养护实施

5.3.1 经常检查应符合下列规定：

1 频率应不低于2次/月，洪水、冰雪前后及汛期应加大频率。

2 内容包括：外观是否整洁，墙壁是否渗水，洞内有无堆积，洞口是否通畅，构件是否损坏，填土有无渗水或冲刷。

3 做好记录，报告异常情况。

5.3.2 定期检查应符合下列规定：

1 频率应不低于1次/年，接到较大损坏的报告后应增加检查。

2 内容包括：

1) 通道位置是否适当，通过尺度是否足够，承载能力是否适应。

2) 翼墙是否倾斜，底板有无脱空，构件有无开裂、沉降、错台、变形，填土有无滑动或空洞。

3) 洞内铺装是否平整、有无坑槽，洞顶路面有无开裂、变形等。

3 检查结果的处理按现行国家、行业标准的有关规定执行。

5.3.3 日常养护应符合下列规定：

1 及时清除积物，修补破损构件。

2 及时维护和更新通道指示、限高限重、路面标识等。

3 出现渗水现象，及时查明原因，采取适当措施处治。

5.3.4 维修、加固和改建应符合下列规定：

1 通道位置不适当、通过能力不足、承载能力不足时，应进行加固或改建。

2 通道发生整体或局部变形、坑槽、脱空或空洞时，应恢复构件状态，并根据情况更换两侧填土，加固地基、基础，修复铺装、路面。

3 通道发生严重错裂时，应拆换错裂的节段或构件，并相应处理填土、地基、基础、铺装和路面。

5.4 养护评估

5.4.1 养护评估应按现行国家、行业标准的有关规定执行。

附录 A 通道截面设计

A.1 管形通道

A.1.1 以截面内轮廓线为基准进行设计,除在底板中点设折点外,余均为连续的圆弧线或弧切线。

A.1.2 以截面标准宽 B_k、标准高 H_k、顶板半径 R_1、顶板半圆心角 α_1、侧墙圆弧半径 R_2 和 R_3、侧墙圆弧圆心角 α_2 和 α_3、底板顶面横坡 i 为设计参数,见图 A.1.2。相关参数可按下列公式计算:

$$\begin{cases} \alpha_1 + \alpha_2 = \pi/2 \\ \alpha_3 = \pi/2 - \arctan i \\ R_1 = B_k/(2\sin\alpha_1) \\ R_2 = H_k \cdot (1-\cos\alpha_3)/[\sin\alpha_2 + \sin\alpha_3 - \sin(\alpha_2+\alpha_3)] \\ R_3 = H_k \cdot (1-\cos\alpha_2)/[\sin\alpha_2 + \sin\alpha_3 - \sin(\alpha_2+\alpha_3)] \end{cases} \quad (A.1.2)$$

式中:α_1 一般取 30°～60°;α_3 一般取 90°;i 一般取 0;顶板与侧墙、侧墙与底板连接点分别是标准净空 B_k、H_k 的上、下角点。

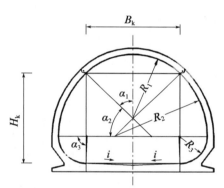

图 A.1.2 管形通道截面参数示意

A.2 箱形通道

A.2.1 以截面内轮廓线为基准进行设计。

A.2.2 以截面标准宽 B_k、标准高 H_k、顶板下折高 a_1 为设计参数,见图 A.2.2。

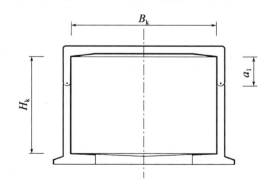

图 A.2.2 箱形通道截面参数示意

A.2.3 侧墙向顶、底板的折点分别是标准净空 $B_k \cdot H_k$ 的上、下角点。

A.2.4 顶板下折高 a_1 可按下式估算：

$$a_1 = \frac{B_k}{4} \tag{A.2.4}$$

用 词 说 明

1 本指南执行严格程度的用词,采用下列写法:
1) 表示严格,在正常情况下均应这样做的用词,正面词采用"应",反面词采用"不应"或"不得"。
2) 表示允许稍有选择,在条件许可时首先应这样做的用词,正面词采用"宜",反面词采用"不宜"。
3) 表示有选择,在一定条件下可以这样做的用词,采用"可"。
2 引用标准的用语采用下列写法:
1) 在标准条文及其他规定中,当引用的标准为国家标准或行业标准时,应表述为"应符合《××××××》(×××)的有关规定"。
2) 当引用标准中的其他规定时,应表述为"应符合本指南第×章的有关规定""应符合本指南第×.×节的有关规定""应按本指南第×.×.×条的有关规定执行"。